Alla scoperta di una nuova cultura del BenEssere

Elementi di Mediazione per giovanissimi

Caterina Catalfamo

ISBN: 978-1-291-37327-1

"Ricordiamoci sempre che il nostro
interesse è nella concordia,
non nel conflitto,
e che la nostra vera eminenza riposa nelle
vittorie della pace,
non in quelle della guerra".

William McKinley

Sommario

PREMESSA

Questa guida si propone di offrire i primi elementi per la divulgazione della nuova cultura della Mediazione tra le giovani generazioni ed è rivolta prevalentemente agli insegnanti, agli educatori, ai genitori.

La nuova cultura propone un nuovo modo di *"essere collettivo"* che in caso di conflitto, attraverso una modifica dei comportamenti, fa sì che lo stesso non assurga a contenzioso giudiziario.[1]

Come affermato dall'antropologo inglese Edward Burnett Tylor, « *La cultura, o civiltà, intesa nel suo ampio senso etnografico, è quell'insieme complesso che include la conoscenza, le credenze, l'arte, la morale, il diritto, il costume e qualsiasi altra capacità e abitudine acquisita dall'uomo come membro di una società.* »[2]

Una nuova cultura, quindi, tesa a considerare in modo diverso i conflitti tra le persone.

---

[1] **C. Catalfamo** *Mediazione processo culturale contrastato* www.Diritto .it

[2] **Edward Burnett Tylor** Primitive Culture 1871

E' un cambiamento di mentalità, di comunicazione e di gestione della rabbia.

E' educare a saper essere e a saper fare in modo diverso.

In questo modo, ciò che comunemente viene disegnato come negativo e distruttivo diviene fonte di **BenEssere** e componente normale della crescita.

Riscontri significativi della necessità di incoraggiare l'acquisizione delle tecniche mediative tra i giovani le ritroviamo tra le attività promosse dal DESS 2005/2014 (attività del decennio dell'Educazione allo Sviluppo Sostenibile), campagna lanciata dalle Nazioni Unite per sensibilizzare giovani e adulti verso la necessità di un futuro più equo ed armonioso, rispettoso del prossimo e delle risorse del pianeta, valorizzando l'educazione; nella Convenzione Internazionale sui Diritti dell'Infanzia del1989, (Convenzione di New York) ratificata in Italia con Legge n.176 del 27 maggio 1991; nel documento "Per una Mediazione a misura di bambini", documento a seguito del Secondo Incontro Nazionale in materia di giustizia minorile mediazione e diritti dei bambini promosso dall'UNICEF Italia (2005).

Altresì con la direttiva 2008/52/CE del Parlamento Europeo e del Consiglio, del 21 Maggio 2008 dall'Europa ci è giunto un forte invito a guardare verso soluzioni alternative , cosiddette **A.D.R.**

(acronimo di **A**lternative **D**ispute **R**esolution) che portano a gestire i conflitti , attraverso una modifica dei comportamenti, in maniera alternativa alla via giudiziaria.

Tuttavia, affinché la nuova cultura possa affermarsi non è sufficiente che vengano approntate norme più o meno condivise o più o meno osservate da una società adulta che ha già un suo *modus vivendi*, un suo vissuto, ma è necessario che il comportamento dettato da dette norme vada a connaturarsi nel tessuto sociale[3].

Ciò può avvenire se dall'infanzia le giovani generazioni vengono avviate alla pacificazione facendo loro prendere coscienza che il conflitto, che è connaturato alla natura umana, non è solo violenza ma può essere anche semplice dissenso o competizione, ed è utopistico pensare che possa non esserci; anzi, se la forza che sprigiona è ben gestita, può costituire elemento positivo di crescita individuale e sociale.[4]

Barcellona P.G.30 Marzo 2013

Catalfamo Caterina
www.mediazionecatalfamo.it

---

[3] **C. Catalfamo** *La diffusione della cultura della mediazione favorisce il progresso sociale ed economico di un paese* www.mediazionecatalfamo.it

[4] **Idem** www.mediazionecatalfamo.it

Il conflitto

Il termine "**Conflitto**" deriva dal verbo latino *cum-fligere*.

Il verbo *fligere* significa urtare, sbattere contro mentre il prefisso *cum* indica un urto almeno tra due parti.

E' un termine apparentemente negativo, giacché ci restituisce l'immagine della violenza, della guerra, del litigio, della lotta, del combattimento.

Il conflitto, però, non è solo violenza; esso può essere più semplicemente **tensione, ostilità,**

dissenso o competizione e "*nasce quando il nostro desiderio è ostacolato da quello dell'altro e ad entrambi i desideri appaiono come vitali*"[5].

Esempi in tal senso possono essere tratti dalla vita quotidiana già in famiglia tra fratelli e tra essi ed i genitori.

- *Due fratellini, Alessandro ed Elisa, litigano per il programma da seguire in TV.*

  Alessandro vuole seguire il documentario sui dinosauri mentre Elisa vuole vedere i cartoni animati.

  Ecco che comincia la lotta per appropriarsi del telecomando.

- *Elisa vuole colorare, ma alcune sue matite colorate sono prive di punta.*

  Elisa però non ha un temperino tutto suo e quindi prende dall'astuccio quello del fratellino Alessandro.

  Poiché Alessandro vuole che nessuno tocchi la sua roba senza il suo permesso, strappa il temperino dalle mani della sorellina impedendo ad Elisa di temperare le proprie matite .

---

[5] J. Morineau, *Lo spirito della Mediazione,*Milano, 2000, pag.29

Elisa disperata gli si rivolta contro.

In entrambi i casi l'intervento di un adulto è inevitabile per scongiurare la rissa.

I due esempi riportati evidenziano come i desideri di ciascun bambino costituiscono un ostacolo ai desideri dell'altro e come il loro confronto non potrà che essere necessariamente conflittuale.

Entrare in conflitto, litigare, è una caratteristica della società che non può non esistere e nemmeno essere combattuta; basti pensare ai conflitti tra le diverse generazioni, specialmente dello scontro tra giovani e adulti che, in un mondo che cambia rapidamente, non riescono più a comprendersi, e l'uno vede nell'altro l'antagonista da combattere o reprimere.

E' con il conflitto, infatti, che si mettono in relazione gli interessi ed i bisogni di ciascuno che inevitabilmente contrastano con quelli degli altri ed è dunque necessario nella relazione.

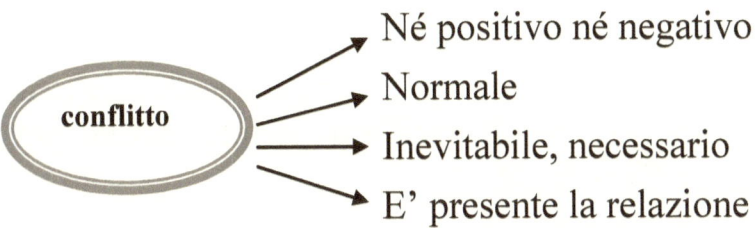

conflitto

Né positivo né negativo

Normale

Inevitabile, necessario

E' presente la relazione

L'acquisizione delle tecniche di una buona comunicazione e l'assenza di motivi cosiddetti "*di principio*" possono far superare il conflitto e anzi trasformarlo in momento di crescita per ciascuno dei due contendenti;

al contrario avrebbe un effetto distruttivo che inevitabilmente porterebbe alla sopraffazione dell'uno sull'altro.

La mediazione permette di acquisire le tecniche di comunicazione efficace e di ascolto attivo per "Litigare Bene".

La comunicazione

La comunicazione è lo scambio di informazioni tra chi comunica (emittente) e chi ne è il destinatario.

Una comunicazione può essere **verbale** (con parole) **non verbale** (espressioni o segni) o **scritta** (lettere, messaggi) ha sempre un **luogo o una situazione**, uno **scopo o un obiettivo** da raggiungere.

Perché il messaggio possa raggiungere il destinatario è fondamentale stabilire un contatto per mezzo di un canale fisico che può essere sensoriale (verbale,uditivo,gestuale) o tecnico (telefono,lettera, computer).

Chiariamo meglio con qualche esempio:

1) **La mamma rivolgendosi ad Elisa dice:"***per favore rassetti in cucina?***"**

   - Emittente: la mamma

   - Destinatario:Elisa

   - Canale: verbale

   - Luogo o situazione: cucina

   - Scopo o obiettivo: essere aiutata

2) **La maestra dice: "***Ragazzi, nella recita di fine anno mettiamocela tutta***".**

   - Emittente: la maestra

   - Destinatario: la scolaresca

   - Canale : verbale

- Luogo o situazione : la scuola
- Scopo o obiettivo : fare bella figura

3) La pediatra dice:" *Signora, Alessandro deve prendere lo sciroppo ogni 8 ore per 5 giorni"*.

- Emittente: la pediatra
- Destinatario: la signora
- Canale: verbale
- Luogo o situazione : ambulatorio
- Scopo o obiettivo: guarigione di Alessandro.

Perché una comunicazione possa definirsi buona e quindi efficace è necessario che chi parla finisca la sua comunicazione prima che l'altro inizi la propria.

L'accavallarsi di comunicazioni tra emittente e destinatario crea il caos e l'incomprensione .

L'allenatore si rivolge a tutta la squadra, non termina di parlare che Alessandro interviene, Marco si rivolge ad Alessandro chiedendo spiegazioni, Luigi si rivolge a Marco dicendo che non ha capito, Alessio invita tutti a stare zitti.

Parlano tutti contemporaneamente e l'incomprensione è totale.

L'allenatore per riprendere e completare la sua comunicazione è costretto o ad alzare la voce o aspettare che tutti si calmino, cosa che spontaneamente non sempre accade.

L'ascolto

Altro elemento della comunicazione è **l'ascolto** senza il quale la comunicazione non si realizza.

Il messaggio trasmesso dall'emittente deve essere ascoltato dal destinatario ciò al fine di consentirgli di elaborare un'azione o un messaggio di ritorno (Feed-back).

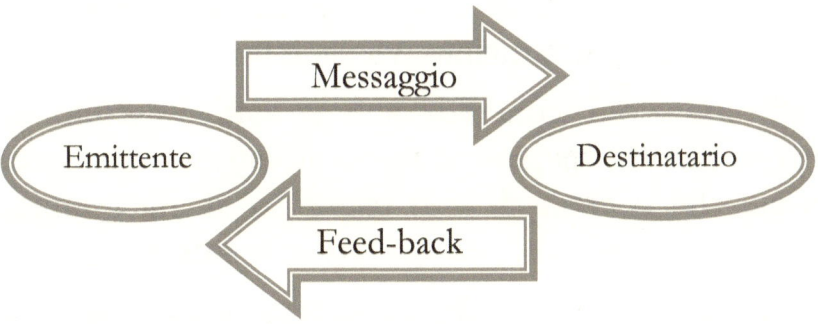

Possiamo distinguere l'ascolto in tre tipologie:

1)   ascolto assente (per ascoltare bisogna stare zitti);

2)   finto ascolto (ascolto il contenuto verbale ma do una mia interpretazione, un mio giudizio a ciò che sento);

3)   ascolto attivo:

-ascolto con interesse ciò che mi è detto;

-partecipo emotivamente;

-verifico ciò che ho capito.

Comunemente l'ascolto è inteso come percezione uditiva di suoni e parole; un fenomeno spontaneo che si concretizza con lo "stare a sentire" ma che tuttavia presenta sostanziali limitazioni:

1) tiene conto soltanto delle parole dell'interlocutore;

2) è condizionato all'istintiva risposta da dare prima ancora di aver verificato di aver ben compreso quanto viene detto.

Tali limitazioni concretizzano un cattivo ascolto in quanto molto spesso inducono ad agisce sulla base di ciò che si crede di aver capito, o di intervenire prima ancora di aver ben compresa la situazione.

Tuttavia passare da un ascolto spontaneo ad un **ascolto attivo** è possibile attraverso l'acquisizione di strategie e di tecniche specifiche che fanno di chi ascolta un soggetto attivo che non si limita a "stare a sentire" passivamente ma che si attiva per facilitare la comunicazione attraverso:

1. **Manifestazione di interesse** che consiste nel non distrarsi, guardare negli occhi chi parla , cercare di capire ciò che l'interlocutore vuole comunicare ;

2. **Richiesta di informazioni** al fine di ottenere ulteriori chiarimenti per meglio chiarire quanto viene detto.

3. **Espressioni di comprensione** per verificare se si è veramente capito quanto è stato detto attraverso richieste di convalida del tipo *"Se ho ben capito hai detto che...Ho capito bene?"* o provando a riassumere "Se mi consenti provo a riassumere quanto mi hai appena detto".

Cosa è la Mediazione

La mediazione[6] è l'aiuto che una persona (Mediatore) può dare a due persone che litigano perché da soli non riescono a dare una soluzione ai loro problemi.

---

[6] **La direttiva 2008/52/CE all'art. 3 *a)*-** *per "mediazione" si intende un procedimento strutturato, indipendentemente dalla denominazione, dove due o più parti di una controversia tentano esse stesse, su base volontaria, di raggiungere un accordo sulla risoluzione della medesima con l'assistenza di un mediatore. Tale procedimento può essere avviato dalle parti, suggerito od ordinato da un organo giurisdizionale o prescritto dal diritto di uno Stato membro. Esso include la mediazione condotta da un giudice che non è responsabile di alcun procedimento giudiziario concernente la controversia in questione. Esso esclude i tentativi messi in atto dall'organo giurisdizionale o dal giudice aditi al fine di giungere ad una composizione della controversia in questione nell'ambito del procedimento giudiziario oggetto della medesima;*

C.Catalfamo *Processo culturale contrastato* www.Diritto.it " *La mediazione è quell'istituto che, improntato al massimo grado d'informalità, permette ai soggetti interessati di poter risolvere un loro conflitto in maniera stragiudiziale, ossia mediante un accordo raggiunto con l'ausilio di un mediatore.*

Possiamo meglio rappresentare l'importanza della mediazione con un aneddoto tratto dalla **"Scuola di Negoziazione" di Harvard** :

Due bambine litigano per aggiudicarsi l'unica arancia rimasta in dispensa. L'una: "Spetta a me perché l'ho presa per prima!" e l'altra:"No! Spetta a me perché io sono la più grande!".

La madre, per sedare la lite, interviene, proponendo di tagliare l'arancia in due parti perfettamente uguali e di darne metà a ciascuna. Le bambine non sono soddisfatte: ognuna di loro vuole tutta l'arancia e non può cederne neanche un pezzo. La nonna, che ha osservato attentamente la scena, decide di chiedere ad ognuna delle bambine perché realmente vogliono l'arancia. Una delle due dice di aver sete e di volerla spremere per berne il succo.

L'altra dice che vuole grattugiarne la buccia per fare una torta.

La nonna allora, spreme la polpa perché la più piccola ne possa bere il succo e grattugia la buccia dell'arancia affinché l'altra possa usarla per fare la torta.
Entrambe le bambine sono soddisfatte e finalmente torna la pace.

L'aneddoto descrive il conflitto tra le due sorelle, che, ferme nel proposito di far valere i propri diritti, da sole non avrebbero risolto la questione.

Nemmeno l'intervento della mamma ,paragonabile a quello del giudice, avrebbe lasciato soddisfatte le due sorelle .

L'investigazione della nonna sui motivi del conflitto, paragonabile a quello del mediatore, sposta l'attenzione dalla "presa di posizione" a quello che era il reale, sottostante interesse delle due sorelle, che con la soluzione trovata restano entrambe soddisfatte al 100% perché entrambe hanno potuto avere ciò che loro desideravano dell'intera arancia.

Non un compromesso dunque, ma una soluzione soddisfacente e condivisa a tutela degli interessi di ciascuna   parte.

Come il mediatore aiuta le parti in lite

Accompagnare due persone che litigano verso una soluzione soddisfacente non è semplice poiché un soggetto, nel momento in cui litiga, si presenta come una cassaforte in cui sono racchiusi problemi, sentimenti, interessi e quant'altro.

Per aprire detta cassaforte è necessario che il Mediatore utilizzi la combinazione giusta costituita dalla **riservatezza**, dall'**imparzialità**, dall'**empatia**.

Riservatezza:

Tutto quanto detto in mediazione deve essere e rimanere riservato. E' importante che le parti in lite abbiano la certezza che quanto detto in mediazione non sarà rivelato a nessuno .

Imparzialità:

Il Mediatore non giudica né attribuisce torti e ragioni.

Empatia:

Il mediatore deve saper trovare la giusta misura per essere l'uno e l'altro; più semplicemente, deve sapersi mettere nei panni di ciascuno dei due contendenti facendosi carico delle emozioni, delle esperienze, dei pensieri al fine di comprendere il motivo del conflitto.

Per meglio comprendere si propone una favoletta firmata dal grande filosofo **Schopenhauer.**

I porcospini

In una fredda giornata d'inverno un gruppo di porcospini si rifugia in una grotta e per proteggersi dal freddo si stringono vicini.

Ben presto però sentono le spine reciproche e il dolore li costringe ad allontanarsi l'uno dall'altro.

Quando poi il bisogno di riscaldarsi li porta di nuovo ad avvicinarsi si pungono di nuovo.

Ripetono più volte questi tentativi, sballottati avanti e indietro tra due mali, finché non trovano quella moderata distanza reciproca che rappresenta la migliore posizione, **_quella giusta distanza_** *che consente loro di scaldarsi e nello stesso tempo di non farsi del male reciprocamente.*

Quale è il ruolo del Mediatore

Il ruolo del Mediatore non è quello di risolvere il conflitto; non è lui infatti a dare la soluzione al problema ma gli stessi contendenti possono e devono farlo .

Il mediatore, creata l'atmosfera adatta e stabilite le regole di mediazione, fa sì che i contendenti possano esprimere sia i loro interessi che i loro sentimenti , ascolta le parti in lite senza esprimere alcun giudizio facilitando la comunicazione tra le parti al fine di accompagnarli verso una soluzione che scaturisce da loro stessi .

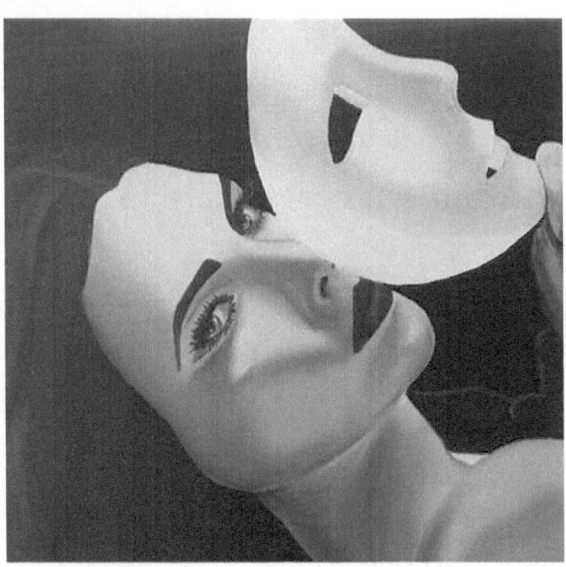

Immaginiamo il conflitto come una persona che vuole indossare una maschera ,rigida e priva di espressione per pudore di mostrare le rughe d'espressione del volto; quella maschera rappresenta la richiesta e la presa di posizione , le rughe d'espressione del volto rappresentano i bisogni, gli interessi e le paure.

Compito del mediatore è lavorare su quelle rughe cercando di spostare l'attenzione dalla maschera al volto.

Come si è detto, occorre che il Mediatore crei l'atmosfera giusta incontrando i contendenti in un luogo tranquillo, lontano da occhi indiscreti e in un clima di reciproca fiducia.

Quindi, il Mediatore dopo aver informato i contendenti

- che tutto quanto detto in mediazione non sarà rivelato a nessuno;

- che non li giudicherà né attribuirà ragioni o torti;

- che non darà alcuna indicazione o consigli su come risolvere la questione

stabilirà le regole di Mediazione che dovranno essere accettate dai contendenti e che consistono nel:

- parlare uno per volta ;

- non interrompersi ;

- non accusarsi l'uno con l'altro ;
- non insultarsi.

Create le condizioni, è il momento di affrontare il conflitto cercando di trovare le soluzioni adatte alla situazione utilizzando la tecnica di risolvere i problemi *"problem solving* che non consiste in un metodo, in una formula matematica o in un procedimento fisso da seguire bensì nella capacità che ha la mente di spaziare cercando di vedere le cose da più punti di vista.

Compito del mediatore è aiutare le parti ad utilizzare il c.d. *"pensiero laterale"* che consiste appunto nello stimolare la mente a spostare l'attenzione da tutto ciò che sembra ovvio.

Ragionando linearmente molto spesso non è possibile trovare soluzioni soddisfacenti; al contrario, affrontando il problema da più punti di vista andando oltre la linea d'orizzonte è possibile risolvere positivamente problematiche difficilmente risolvibili.

Edward de Bono,creatore del concetto di " pensiero laterale" fa alcuni esempi che evidenziano come la soluzione ad un determinato problema molto spesso debba essere ricercata oltre i confini del problema stesso.

L'uovo di Colombo

Dopo il suo ritorno dall'America nel 1493, Colombo fu invitato a una cena in suo onore dal cardinale Mendoza.

Qui alcuni gentiluomini spagnoli cercarono di sminuire la sua impresa dicendo che la scoperta del Nuovo Mondo non sarebbe stata poi così difficile e che chiunque avrebbe potuto riuscirci.

Udito questo, Colombo sfidò i commensali a un'impresa altrettanto facile: far stare un uovo dritto sul tavolo.

Vennero fatti numerosi tentativi, ma nessuno riuscì a realizzare quanto richiesto.

Convinti finalmente che si trattasse di un problema insolubile, i presenti pregarono Colombo stesso di cimentarsi nell'impresa.

Questi si limitò a praticare una lieve ammaccatura all'estremità dell'uovo, picchiandolo leggermente contro il tavolo dalla parte più larga, e l'uovo rimase dritto.

Quando gli astanti protestarono dicendo che lo stesso avrebbero potuto fare anche loro, Colombo rispose: «La differenza, signori miei, è che voi avreste potuto farlo, io invece l'ho fatto!».[7]

L'aneddoto ci dimostra come i commensali di Colombo, avendo fatto un ragionamento lineare, avevano trovato un limite nella forma arrotondata dell'uovo.

Al contrario, il ragionamento laterale di Colombo superò il limite posto dalla rotondità dell'uovo che con un colpetto poté stare dritto.

[7] Wikipedia

Appendice

"Per una mediazione a misura di bambini" Documento a seguito del Secondo Incontro Nazionale in materia di giustizia minorile Mediazione e diritti dei bambini, promosso dell'UNICEF Italia, il 28 e 29 aprile 2005

presso l'Aula Magna della Corte di Appello di Bari,

Premessa

Considerando che la Convenzione sui diritti dell'infanzia del 1989 ha stabilito:

- che in tutte le decisioni relative ai bambini, di competenza delle istituzioni pubbliche o private di assistenza sociale, dei Tribunali, delle autorità amministrative o degli organi legislativi, l'interesse superiore del bambino deve essere oggetto di una considerazione preminente (art. 3);

- che gli Stati devono vigilare affinché i bambini non siano separati dai propri genitori ed affinché, in ogni caso in cui venga disposta la separazione, tutte le parti interessate abbiano la possibilità di partecipare alle deliberazioni e di fare conoscere le proprie opinioni (art.9, commi 1 e 2);

- che ai bambini capaci di discernimento è garantito il diritto di esprimere liberamente la propria opinione su ogni questione che li interessa (art. 12.1); che le loro opinioni debbono essere prese debitamente in considerazione, tenendo conto della loro età e del loro grado di maturità; che i bambini hanno anche il diritto di essere ascoltati, direttamente o tramite un rappresentante o un organo appropriato, in ogni procedura giudiziaria o amministrativa che li concerne (art. 12.2);

- che entrambi i genitori hanno una responsabilità comune nell'educazione del bambino e nel provvedere al suo sviluppo (art. 18);

- che ai minori sospettati, accusati o riconosciuti colpevoli di un reato si deve riconoscere il diritto ad un trattamento che favorisca il loro senso di dignità e del valore personale (art. 40.1); che per essi si adottino particolari provvedimenti, ogni qualvolta ciò sia possibile e auspicabile per trattarli senza ricorrere a procedure giudiziarie, nel rispetto dei diritti dell'uomo e dalle garanzie legali (art. 40/3/b); come indicato anche dalle Regole minime per l'Amministrazione della giustizia minorile (Regole di Pechino), a cui la Convenzione fa espresso riferimento, in particolare nell'art. 11 dove si invita a trattare i casi dei giovani che delinquono senza ricorrere al processo formale; e che per i minori siano previste tutta una gamma di disposizioni concernenti in particolar modo le cure.....i programmi di formazione generale e professionale, nonché soluzioni alternative all'assistenza istituzionale, in vista di assicurare loro un trattamento conforme al loro benessere e proporzionato sia alla loro situazione, che al reato (art. 40.4);

- che i *Basic Principles on the Use of Restorative Justice in Criminal Matters* delle Nazioni Unite (2000, 2002) indicano dei principi generali e delle linee-guida sul ricorso alla giustizia riparativa in ambito penale;

- che il Documento finale "Un mondo a misura di bambino" (maggio 2002) della Sessione Speciale dell'Assemblea Generale dell'ONU sull'infanzia, al punto 44.7, invita gli Stati sottoscrittori a promuovere sistemi giuridici specifici per rispondere all'esigenza dell'infanzia - in linea con il principio che la giustizia debba essere volta al recupero e al pieno rispetto dei bambini - ed a provvedere all'apposita formazione del personale competente per il reinserimento dei bambini nella società;

preso atto

- che l'Italia ha ratificato la Convenzione sui diritti dell'infanzia del 20 novembre 1989, con Legge n. 176 del 27 maggio 1991;

- che la Legge 285/1997 - Disposizioni per la promozione di diritti e di opportunità per l'infanzia e adolescenza - all'art. 4.1/i riconosce i servizi di mediazione familiare ed di consulenza per le famiglie e per i minori come servizi di sostegno e superamento delle difficoltà relazionali e all'art. 6 prevede lo sviluppo di servizi volti a promuovere e a valorizzare la partecipazione dei minori a livello propositivo, decisionale e gestionale in esperienze aggregative, nonché occasioni di riflessione sui temi rilevanti per la convivenza civile e lo sviluppo delle capacità di socializzazione e di inserimento nella scuola, nella vita aggregativa e familiare;

- che la Raccomandazione R(98)/1 del Consiglio d'Europa del 19 gennaio 1998 sulla mediazione familiare detta agli Stati Membri precise indicazioni sulla mediazione familiare, sulla sua area d'azione, sull'organizzazione dei servizi, sui metodi, ecc;

- che la Legge Quadro 328/2000, per la Realizzazione del sistema integrato di interventi e di servizi sociali nazionali, riconosce tra gli interventi quelli atti a prevenire, eliminare o ridurre le condizioni disagio individuale e familiare;

- che la Legge 154/2001, sulle Misure contro la violenza nelle relazioni familiari, all'art. 342/ter – comma 2 - prevede che il giudice possa disporre l'intervento di dei servizi sociali o di un centro di mediazione familiare;

- che il libro verde COM (2002) 196 della Commissione dell'Unione Europea del 19 aprile 2002 sui modi alternativi di risoluzione dei conflitti in diritto civile e commerciale, ha voluto lanciare una larga consultazione nel campo dei modi alternativi di risoluzione dei conflitti in diritto civile e commerciale;

- che la Direttiva 2002/8/CE del Consiglio dell'Unione Europea del 27 gennaio 2003, volta a migliorare l'accesso alla giustizia, nelle controversie transfrontaliere, attraverso la determinazione di regole minime comuni relative all'assistenza giudiziaria, prevede che questa ultima debba essere concessa alle stesse condizioni, sia nelle procedure giudiziarie tradizionali che nelle procedure extragiudiziarie quali la mediazione;

- che la Raccomandazione N.1639/2003 dell'Assemblea parlamentare del Consiglio d'Europa del 25 novembre 2003 ribadisce il valore della mediazione familiare e la necessità in questo ambito di ascoltare i minori per garantirne i diritti, invitando gli Stati ad implementarne i principi ed a promuoverne l'utilizzo;

- che l'Italia, con Legge n. 77 del 20 marzo 2003, ha ratificato la Convenzione europea sull'esercizio dei diritti dei minori, adottata dal Consiglio d'Europa a Strasburgo il 25 gennaio 1996, la quale all'art. 13 promuove il ricorso alla mediazione ed ad ogni metodo di soluzione dei conflitti atto a raggiungere un accordo, al fine di prevenire e risolvere le controversie, evitando che i bambini vengano coinvolti in procedimenti giudiziari;

- che numerose sono le Leggi Regionali a favore delle famiglie e della genitorialità, tra le quali evidenziamo la Legge della Regione Puglia N. 17/2003 e N. 5/2004;

- che le Osservazioni Conclusive del Comitato ONU sui diritti dell'infanzia sullo stato di attuazione della Convenzione sui diritti dell'infanzia, rivolte all'Italia il 13 gennaio 2003, sottolineano come nel nostro paese il diritto dei bambini a essere ascoltati non sia adeguatamente garantito nei procedimenti che li coinvolgono direttamente, in particolare in caso di separazione e di divorzio;

- che il Regolamento 2201/2003 del Consiglio dell'Unione Europea del 27 novembre 2003 sulla competenza, il riconoscimento e l'esecuzione delle sentenze in materia matrimoniale e di responsabilità genitoriale, prevede all'art.55 la cooperazione in tale materia, l'adozione di qualunque misura volta a facilitare la conclusione di accordi tra i titolari della responsabilità genitoriali, e il ricorso alla mediazione o ad altri mezzi;

- che la Petizione *La parola ai bambini*, a seguito del Primo Convegno Nazionale sulla giustizia minorile dell'UNICEF Italia - che ha avuto luogo a Firenze il 29 aprile 2004 – invita al punto 11 - alla più ampia applicazione della mediazione, in ogni ambito d'intervento giudiziario e sociale, sulla base di dettati legislativi adeguati;

- che il Codice di condotta europeo per i mediatori, approvato da un Gruppo tecnico della Commissione dell'UE, il 4 giugno 2004, ha individuato una serie di principi riferibili a ogni tipologia di mediazione in materia civile o commerciale, che i singoli mediatori possono decidere di applicare;

- che il DDL C66 "Nuove norme in materia di separazione dei coniugi e affidamento condiviso dei figli" sull'affidamento condiviso, approvato dalla Commissione Giustizia della Camera l'8 febbraio 2005, prevede il ricorso alla mediazione familiare;

e preso atto

- che la Raccomandazione R(87)20 del Consiglio d'Europa stabilisce che la risposta alla delinquenza giovanile deve essere proporzionata alla personalità ed ai bisogni del minore;e sollecita per evitare ai minori il processi formale il più ampio ricorso a procedure di diversion e alla mediazione;

- che la Raccomandazione R(99)19, adottata dal Comitato dei Ministri del Consiglio d'Europa, avente ad oggetto la *Médiation en matière pénale*, raccomanda ai Paesi membri l'adozione di pratiche di mediazione reo/vittima, nel rispetto dei principi di cui alla Raccomandazione stessa, e in particolare nel rispetto dei principi di volontarietà, accessibilità e confidenzialità dei programmi di mediazione, nonché dei principi di imparzialità, indipendenza e alto grado di competenza dei mediatori;

- che il D.P.R. 448/88 - il quale disciplina nel nostro ordinamento il processo penale a carico di imputati minorenni - introduce nuove misure educative di risposta al reato, aperte ad accogliere l'impegno del minore a favore del bene giuridico offeso e pertanto *"favorisce"* le pratiche mediazione penale, tra l'imputato minorenne e la persona offesa, anche al fine di rendere più significativo il recupero educativo e la responsabilizzazione costruttiva del minore reo;

- che l'art. 555 c.p.p. prevede il tentativo di conciliazione e così anche legge 354/87, e successive modifiche, in relazione all'istituto dell'affidamento in prova al servizio sociale;

- che il recente Regolamento di attuazione dell'Ordinamento penitenziario (D.P.R. 230/2000, art. 27) riconosce rilievo - in sede di trattamento penitenziario e rieducativo - a un'opera di riflessione critica da svolgersi con il condannato (adulto o minorenne) sulla "condotta antigiuridica e sui suoi effetti lesivi", aperta alla riparazione delle conseguenze del reato;

- che la Raccomandazione REC 2003/20 del Comitato dei Ministri del Consiglio d'Europa sulle nuove modalità di trattamento della delinquenza giovanile ed il ruolo della giustizia minorile, invita gli Stati Membri a continuare a sviluppare una serie di misure alternative alle consuete misure giudiziarie (art. 7) e, al fine di combattere i reati di maggiore gravità, a sviluppare una gamma più ampia di misure e sanzioni applicabili, innovative ed efficaci – che pur restando proporzionate - consentano la mediazione (art. 8);

- che la recente legislazione, sulla competenza penale del giudice di pace, prevede il ricorso alla mediazione in ambito penale e la possibilità di attività risarcitorie o riparatorie;

si evidenzia che:

1. La mediazione in tutte le sue forme costituisce uno strumento di elevato valore sociale per la realizzazione - a opera della stessa società - della pace sociale e per garantire la tutela dei diritti dell'infanzia. Tale valore si esprime in particolare nei conflitti sociali connessi a problematiche interetniche, nei conflitti emergenti in ambito scolastico, nei conflitti connessi a relazioni familiari e intergenerazionali e nei conflitti connessi a fatti di rilevanza penale o inerenti all'ordinamento penitenziario.

2. La mediazione, oltre a essere una nuova tecnica d'intervento, è l'espressione di una nuova cultura, tesa a considerare in modo "diverso" i conflitti tra le persone - in particolare se minori - e a "ricercare una soluzione" a tali conflitti, affiancando alla logica del procedimento giudiziario tradizionale soluzioni consensuali e responsabilizzanti, mediante l'intervento di un soggetto terzo, il mediatore, che operi in un contesto imparziale e informale.

3. Lo sviluppo che la mediazione sta assumendo in Italia rende oggi indispensabile l'intervento del legislatore per regolarne la disciplina - sia come servizio pubblico che come servizio privato - al fine di determinarne l'area d'intervento, le caratteristiche e definire il ruolo del mediatore. In particolare, la mediazione penale dovrebbe essere un servizio pubblico o comunque collocato nella sfera pubblica, essa dovrebbe essere accessibile gratuitamente alle parti.

4. E' peraltro indispensabile che il legislatore indichi come una delle caratteristiche dell'intervento mediativo il protagonismo dei soggetti coinvolti nel conflitto e che sottolinei la necessità della sua consensualità e riservatezza. È inoltre necessario che si preveda, per il mediatore, il requisito dell'imparzialità e la necessità della sua iscrizione a un Albo pubblico, a conclusione di un idoneo corso di formazione e di un esame di abilitazione.

5. L'intervento legislativo dovrà promuovere la diffusione sia della cultura che dei servizi di mediazione e prevedere un'attenzione particolare - soprattutto in ambito minorile - alle vittime e alla difesa della loro dignità anche nel caso di

calamità naturali, in quanto molte volte le umiliazioni che le vittime subiscono non sono connesse a un fatto-reato.

6. A tale fine si ritiene fondamentale l'istituzione delle figure dei Garanti per l'infanzia, a livello nazionale e regionale, ai quali siano affidati effettivi poteri tesi al miglioramento del coordinamento e della sintonia tra i diversi soggetti istituzionali, politici e amministrativi che si devono occupare dei diritti dei minori, svolgendo un'efficace mediazione istituzionale; al contempo che essi diano il necessario impulso a servizi di mediazione minorile e promuovano il coordinamento a livello nazionale, europeo e internazionale, di ogni ulteriore iniziativa in materia di mediazione.

7. E' necessario che anche i magistrati promuovano l'applicazione di modi alternativi di gestione e soluzione dei conflitti, per realizzare una giustizia effettiva e pacificatrice. E' quindi indispensabile un'adeguata formazione dei magistrati all'esercizio di una giurisdizione di prossimità anche in ambito familiare e minorile, prestando particolare attenzione al tenere distinto il ruolo del giudice dal ruolo del mediatore.

8. E' necessario che gli avvocati della famiglia e in particolare gli avvocati dei minori, valorizzino lo strumento della mediazione e che, pertanto, possano beneficiare di un'adeguata formazione in materia.

Si sottolinea in relazione ai minori:

9. La necessità che il legislatore introduca, nel nostro ordinamento, la previsione normativa che privilegi il ricorso alla mediazione ogni volta che la controversia riguardi minori di età, al fine di tutelare il loro superiore interesse ed evitare che essi vengano coinvolti in procedimenti giudiziari.

10. La necessità che, nella mediazione, i minori siano correttamente e dovutamente informati sull'evolversi del processo di mediazione e siano ascoltati, anche indirettamente, con esclusione di quei procedimenti, contesti e casi, nei quali ciò non risponda al loro superiore interesse. In ogni caso, tale ascolto deve essere svolto con modalità che

evitino situazioni per loro pregiudizievoli. Nella mediazione familiare deve essere valorizzato il ruolo attivo degli stessi genitori nell'ascolto e nell'informazione dei minori. Nella mediazione penale è indispensabile la partecipazione diretta e volontaria del minore, non solo di un suo rappresentante.

11. La necessità di far conoscere e di tener conto non solo delle normative internazionali adottate in materia, in primis quelle dell'Unione Europea, vincolanti e non vincolanti, ma anche delle esperienze degli altri Paesi europei, a partire dalle normative vigenti in questi ultimi, a livello nazionale o regionale.

12. La necessità di promuovere e potenziare la ricerca sulle forme di mediazione che coinvolgono i bambini e gli adolescenti, e di incentivare il loro monitoraggio, al fine di armonizzare le prassi, di valorizzare le buone esperienze e renderne visibili gli esiti.

13. La necessità che si emani un'apposita legge che disciplini l'esecuzione penale a carico di minorenni che, pur preannunciata nel 1975 con l'art. 79 della Legge n. 354 sull'ordinamento penitenziario, non è mai stata deliberata. Nell'ambito di tale legge dovranno trovare ampio spazio: la mediazione - ai fini della promozione della conciliazione del minore con la persona offesa dal reato - e la previsione di misure dirette a riparare le conseguenze del reato, in alternativa alle misure di custodia. In tale ottica, dovrà essere definita con particolare cura la formazione degli operatori penitenziari minorili ed il loro coordinamento con il territorio.

Infine si auspica che:

14. La mediazione rientri al più presto nei Piani di offerta formativa, nell'ambito dell'educazione alla convivenza civile, onde fare apprendere ai giovani la gestione non conflittuale dei rapporti interpersonali.

15. Siano al più presto avviate adeguate campagne di sensibilizzazione dell'opinione pubblica e dei giovani, al fine di evidenziare l'importanza della mediazione nell'ambito

della tutela dei diritti dei minori e per favorire lo sviluppo del rispetto di tali diritti e dei diritti umani in genere.

Direttiva 21 maggio 2008, n. 52 Direttiva 2008/52/CE del Parlamento europeo e del Consiglio del 21 maggio2008 relativa a determinati aspetti della mediazione in materia civile e commerciale

pubblicata nella Gazzetta Ufficiale dell'Unione Europea del 24 maggio 2008

IL PARLAMENTO EUROPEO E IL CONSIGLIO DELL'UNIONE EUROPEA,

visto il trattato che istituisce la Comunità europea, in particolare l'articolo 61, lettera c), e l'articolo

67, paragrafo 5, secondo trattino,

vista la proposta della Commissione,

visto il parere del Comitato economico e sociale europeo,

deliberando secondo la procedura di cui all'articolo 251 del trattato,

considerando quanto segue:

(1) La Comunità si è prefissa l'obiettivo di mantenere e sviluppare uno spazio di libertà, sicurezza egiustizia nel quale sia garantita la libera circolazione delle persone. A tal fine, la Comunità deve adottare, tra l'altro, le misure nel settore della cooperazione giudiziaria in materia civile necessarieal corretto funzionamento del mercato interno.

(2) Il principio dell'accesso alla giustizia è fondamentale e, al fine di agevolare un miglior accessoalla giustizia, il Consiglio europeo nella riunione di Tampere del 15 e 16 ottobre 1999 ha invitato gli Stati membri ad istituire procedure extragiudiziali e alternative.

(3) Nel maggio 2000 il Consiglio ha adottato conclusioni sui metodi alternativi di risoluzione dellecontroversie in materia

civile e commerciale, sancendo che l'istituzione di principi fondamentali in questo settore è un passo essenziale verso l'appropriato sviluppo e l'operatività dei procedimenti stragiudiziali per la composizione delle controversie in materia civile e commerciale così come per semplificare e migliorare l'accesso alla giustizia.

(4) Nell'aprile del 2002 la Commissione ha presentato un Libro verde relativo ai modi alternativi di risoluzione delle controversie in materia civile e commerciale, prendendo in esame la situazione attuale circa i metodi alternativi di risoluzione delle controversie nell'Unione europea e intraprendendo consultazioni ad ampio raggio con gli Stati membri e le parti interessate sulle possibili misure per promuovere l'utilizzo della mediazione.

(5) L'obiettivo di garantire un migliore accesso alla giustizia, come parte della politica dell'Unione europea di istituire uno spazio di libertà, sicurezza e giustizia, dovrebbe comprendere l'accesso ai metodi giudiziali ed extragiudiziali di risoluzione delle controversie. La presente direttiva dovrebbe contribuire al corretto funzionamento del mercato interno, in particolare per quanto concerne la disponibilità dei servizi di mediazione.

(6) La mediazione può fornire una risoluzione extragiudiziale conveniente e rapida delle controversie in materia civile e commerciale attraverso procedure concepite in base alle esigenze delle parti. Gli accordi risultanti dalla mediazione hanno maggiori probabilità di essere rispettati volontariamente e preservano più facilmente una relazione amichevole e sostenibile tra le parti. Tali benefici diventano anche più evidenti nelle situazioni che mostrano elementi di portata transfrontaliera.

(7) Al fine di promuovere ulteriormente l'utilizzo della mediazione e per garantire che le parti che vi ricorrono possano fare affidamento su un contesto giuridico certo è necessario

introdurre un quadro normativo che affronti, in particolare, gli elementi chiave della procedura civile.

(8) Le disposizioni della presente direttiva dovrebbero applicarsi soltanto alla mediazione nelle controversie transfrontaliere, ma nulla dovrebbe vietare agli Stati membri di applicare tali disposizioni anche ai procedimenti di mediazione interni.

(9) La presente direttiva non dovrebbe minimamente impedire l'utilizzazione di tecnologie moderne di comunicazione nei procedimenti di mediazione.

(10) La presente direttiva dovrebbe applicarsi ai procedimenti in cui due o più parti di una controversia transfrontaliera tentino esse stesse di raggiungere volontariamente una composizione amichevole della loro controversia con l'assistenza di un mediatore. Essa dovrebbe applicarsi in materia civile e commerciale, ma non ai diritti e agli obblighi su cui le parti non hanno la facoltà di decidere da sole in base alla pertinente legge applicabile. Tali diritti e obblighi sono particolarmente frequenti in materia di diritto di famiglia e del lavoro.

(11) La presente direttiva non dovrebbe applicarsi alle trattative precontrattuali o ai procedimenti di natura arbitrale quali talune forme di conciliazione dinanzi ad un organo giurisdizionale, i reclami dei consumatori, l'arbitrato e la valutazione di periti o i procedimenti gestiti da persone od organismi che emettono una raccomandazione formale, sia essa legalmente vincolante o meno, per la risoluzione della controversia.

(12) La presente direttiva dovrebbe applicarsi ai casi in cui un organo giurisdizionale deferisce le parti a una mediazione o in cui il diritto nazionale prescrive la mediazione. La presente direttiva dovrebbe inoltre applicarsi, per quanto un giudice possa agire come Mediatore ai sensi della legislazione nazionale, alla

mediazione condotta da un giudice che non sia responsabile di un procedimento giudiziario relativo alla questione o alle questioni oggetto della controversia. Tuttavia, la presente direttiva non dovrebbe estendersi ai tentativi dell'organo giurisdizionale o delgiudice chiamato a risolvere la controversia nel contesto del procedimento giudiziario concernente tale controversia, ovvero ai casi in cui l'organo giurisdizionale o il giudice adito richiedano l'assistenza o la consulenza di una persona competente.

(13) La mediazione di cui alla presente direttiva dovrebbe essere un procedimento di volontaria giurisdizione nel senso che le parti gestiscono esse stesse il procedimento e possono organizzarlo come desiderano e porvi fine in qualsiasi momento. Tuttavia, in virtù del diritto nazionale, l'organo giurisdizionale dovrebbe avere la possibilità di fissare un termine al processo di mediazione. Inoltre, l'organo giurisdizionale dovrebbe, se del caso, poter richiamare l'attenzione delle parti sulla possibilità di mediazione.

(14) La presente direttiva dovrebbe inoltre fare salva la legislazione nazionale che rende il ricorso alla mediazione obbligatorio oppure soggetto ad incentivi o sanzioni, purché tale legislazione non impedisca alle parti di esercitare il loro diritto di accesso al sistema giudiziario. Del pari, la presente direttiva non dovrebbe pregiudicare gli attuali sistemi di mediazione autoregolatori nella misura in cui essi trattano aspetti non coperti dalla presente direttiva.

(15) Ai fini della certezza del diritto, la presente direttiva dovrebbe indicare la data pertinente per determinare se una controversia che le parti tentano di risolvere con la mediazione sia una controversia transfrontaliera o meno. In mancanza di un accordo scritto, si dovrebbe ritenere che le parti concordino di ricorrere alla mediazione nel momento in cui intraprendono un'azione specifica per avviare il procedimento di mediazione.

(16) Al fine di garantire la fiducia reciproca necessaria in relazione alla riservatezza, all'effetto sui termini di decadenza e prescrizione nonché al riconoscimento e all'esecuzione degli accordi risultanti dalla mediazione, gli Stati membri dovrebbero incoraggiare, in qualsiasi modo essi ritengano appropriato, la formazione dei mediatori e l'introduzione di efficaci meccanismi di controllo della qualità in merito alla fornitura dei servizi di mediazione.

(17) Gli Stati membri dovrebbero definire tali meccanismi, che possono includere il ricorso a soluzioni basate sul mercato, e non dovrebbero essere tenuti a fornire alcun finanziamento al riguardo. I meccanismi dovrebbero essere volti a preservare la flessibilità del procedimento di mediazione e l'autonomia delle parti e a garantire che la mediazione sia condotta in un modo efficace, imparziale e competente. I mediatori dovrebbero essere a conoscenza dell'esistenza del codice europeo di condotta dei mediatori, che dovrebbe anche essere disponibile su Internet per il pubblico.

(18) Nell'ambito della protezione dei consumatori, la Commissione ha adottato una raccomandazione che stabilisce i criteri minimi di qualità che gli organi extragiudiziali che partecipano alla risoluzione consensuale delle controversie in materia di consumo dovrebbero offrire agli utenti. Qualunque mediatore o organizzazione che rientri nell'ambito di applicazione di tale raccomandazione dovrebbe essere incoraggiato a rispettare i principi in essa contenuti. Allo scopo di agevolare la diffusione delle informazioni relative a tali organi, la Commissione dovrebbe predisporre una banca dati di modelli extragiudiziali di composizione delle controversie che secondo gli Stati membri rispettano i principi di tale raccomandazione.

(19) La mediazione non dovrebbe essere ritenuta un'alternativa deteriore al procedimento giudiziario nel senso che il rispetto degli accordi derivanti dalla mediazione dipenda dalla buona

volontà delle parti. Gli Stati membri dovrebbero pertanto garantire che le parti di un accordo scritto risultante dalla mediazione possano chiedere che il contenuto dell'accordo sia reso esecutivo. Dovrebbe essere consentito a uno Stato membro di rifiutare di rendere esecutivo un accordo soltanto se il contenuto è in contrasto con il diritto del suddetto Stato membro, compreso il diritto internazionale privato, o se tale diritto non prevede la possibilità di rendere esecutivo il contenuto dell'accordo in questione. Ciò potrebbe verificarsi qualora l'obbligo contemplato nell'accordo non possa per sua natura essere reso esecutivo.

(20) Il contenuto di un accordo risultante dalla mediazione reso esecutivo in uno Stato membro dovrebbe essere riconosciuto e dichiarato esecutivo negli altri Stati membri in conformità della normativa comunitaria o nazionale applicabile, ad esempio in base al regolamento (CE) n. 44/2001 del Consiglio, del 22 dicembre 2000, concernente la competenza giurisdizionale, il riconoscimento e l'esecuzione delle decisioni in materia civile e commerciale, o al regolamento (CE) n. 2201/2003 del Consiglio, del 27 novembre 2003, relativo alla competenza, al riconoscimento e all'esecuzione delle decisioni in materia matrimoniale e in materia di responsabilità genitoriale.

(21) Il regolamento (CE) n. 2201/2003 prevede specificamente che, per essere esecutivi in un altro Stato membro, gli accordi fra le parti debbano essere esecutivi nello Stato membro in cui sono stati

conclusi. Conseguentemente, se il contenuto di un accordo risultante dalla mediazione in materia di diritto di famiglia non è esecutivo nello Stato membro in cui l'accordo è stato concluso e in cui se ne chiede l'esecuzione, la presente direttiva non dovrebbe incoraggiare le parti ad aggirare la legge di tale Stato membro rendendo l'accordo in questione esecutivo in un altro Stato membro.

(22) La presente direttiva non dovrebbe incidere sulle norme vigenti negli Stati membri in materia di esecuzione di accordi risultanti da una mediazione.

(23) La riservatezza nei procedimenti di mediazione è importante e quindi la presente direttiva dovrebbe prevedere un grado minimo di compatibilità delle norme di procedura civile relative alla maniera di proteggere la riservatezza della mediazione in un successivo procedimento giudiziario o di arbitrato in materia civile e commerciale.

(24) Per incoraggiare le parti a ricorrere alla mediazione, gli Stati membri dovrebbero provvedere affinché le loro norme relative ai termini di prescrizione o decadenza non impediscano alle parti di adire un organo giurisdizionale o di ricorrere all'arbitrato in caso di infruttuoso tentativo di mediazione. Gli Stati membri dovrebbero assicurarsi che ciò si verifichi anche se la presente direttiva non armonizza le norme nazionali relative ai termini di prescrizione e decadenza. Le disposizioni relative ai termini di prescrizione o decadenza negli accordi internazionali resi esecutivi negli Stati membri, ad esempio nella normativa in materia di trasporto, dovrebbero essere fatte salve dalla presente direttiva.

(25) Gli Stati membri dovrebbero incoraggiare la divulgazione al pubblico di informazioni su come contattare mediatori e organizzazioni che forniscono servizi di mediazione. Dovrebbero inoltre incoraggiare i professionisti del diritto a informare i loro clienti delle possibilità di mediazione.

(26) Conformemente al punto 34 dell'accordo interistituzionale "Legiferare meglio" gli Stati membri sono incoraggiati a redigere e rendere pubblici, nell'interesse proprio e della Comunità,

prospetti indicanti, per quanto possibile, la concordanza tra la presente direttiva e i provvedimenti di attuazione.

(27) La presente direttiva cerca di promuovere i diritti fondamentali e tiene conto dei principi riconosciuti in particolare dalla Carta dei diritti fondamentali dell'Unione europea.

(28) Poiché l'obiettivo della presente direttiva non può essere realizzato in misura sufficiente dagli Stati membri e può dunque, a causa delle dimensioni o degli effetti dell'intervento, essere realizzato meglio a livello comunitario, la Comunità può intervenire, in base al principio di sussidiarietà sancito dall'articolo 5 del trattato; la presente direttiva si limita a quanto è necessario per conseguire tale obiettivo in ottemperanza al principio di proporzionalità enunciato nello stesso articolo.

(29) A norma dell'articolo 3 del protocollo sulla posizione del Regno Unito e dell'Irlanda, allegato al trattato sull'Unione europea e al trattato che istituisce la Comunità europea, il Regno Unito e l'Irlanda hanno notificato l'intenzione di partecipare all'adozione e all'applicazione della presente direttiva.

(30) A norma degli articoli 1 e 2 del protocollo sulla posizione della Danimarca, allegato al trattato sull'Unione europea e al trattato che istituisce la Comunità europea, la Danimarca non partecipa all'adozione della presente direttiva e non è vincolata da essa, né è soggetta alla sua applicazione,

HANNO ADOTTATO LA PRESENTE DIRETTIVA:

Art. 1

Obiettivo e ambito di applicazione

La presente direttiva ha l'obiettivo di facilitare l'accesso alla risoluzione alternativa delle controversie e di promuovere la composizione amichevole delle medesime incoraggiando il ricorso alla mediazione e garantendo un'equilibrata relazione tra mediazione e procedimento giudiziario. La presente direttiva si applica, nelle controversie transfrontaliere, in materia civile e commerciale

tranne per i diritti e gli obblighi non riconosciuti alle parti dalla pertinente legge applicabile. Essa non si estende, in particolare, alla materia fiscale, doganale e amministrativa né alla responsabilità dello Stato per atti o omissioni nell'esercizio di pubblici poteri (acta iure imperii). Nella presente direttiva per "Stato membro" si intendono gli Stati membri ad eccezione della Danimarca.

Art. 2

Controversie transfrontaliere

Ai fini della presente direttiva per controversia transfrontaliera si intende una controversia in cui almeno una delle parti è domiciliata o risiede abitualmente in uno Stato membro diverso da quello di qualsiasi altra parte alla data in cui:

a) le parti concordano di ricorrere alla mediazione dopo il sorgere della controversia;

b) il ricorso alla mediazione è ordinato da un organo giurisdizionale;

c) l'obbligo di ricorrere alla mediazione sorge a norma del diritto nazionale; o

d) ai fini dell'articolo 5, un invito è rivolto alle parti.

In deroga al paragrafo 1, ai fini degli articoli 7 e 8 per controversia transfrontaliera si intende altresì una controversia in cui un procedimento giudiziario o di arbitrato risultante da una mediazione tra le parti è avviato in uno Stato membro diverso da quello in cui le parti erano domiciliate o risiedevano abitualmente alla data di cui al paragrafo 1, lettere a), b) o c). Ai fini dei paragrafi 1 e 2, il domicilio è stabilito in conformità degli articoli 59 e 60 del regolamento (CE) n. 44/2001.

Art. 3

Definizioni

Ai fini della presente direttiva si applicano le seguenti definizioni:

a) per "mediazione" si intende un procedimento strutturato, indipendentemente dalla denominazione, dove due o più parti di una controversia tentano esse stesse, su base volontaria, di raggiungere un accordo sulla risoluzione della medesima con l'assistenza di un mediatore. Tale procedimento può essere avviato dalle parti, suggerito od ordinato da un organo giurisdizionale o prescritto dal diritto di uno Stato membro.

Esso include la mediazione condotta da un giudice che non è responsabile di alcun procedimento giudiziario concernente la controversia in questione. Esso esclude i tentativi messi in atto dall'organo giurisdizionale o dal giudice aditi al fine di giungere ad una composizione della controversia in questione nell'ambito del procedimento giudiziario oggetto della medesima;

b) per "mediatore" si intende qualunque terzo cui è chiesto di condurre la mediazione in modo efficace, imparziale e competente, indipendentemente dalla denominazione o dalla professione di questo terzo nello Stato membro interessato e dalle modalità con cui è stato nominato o invitato a condurre la mediazione.

Art. 4

Qualità della mediazione

Gli Stati membri incoraggiano in qualsiasi modo da essi ritenuto appropriato l'elaborazione di codici volontari di condotta da parte dei mediatori e delle organizzazioni che forniscono servizi di mediazione nonché l'ottemperanza ai medesimi, così come qualunque altro efficace meccanismo di controllo della qualità riguardante la fornitura di servizi di mediazione. Gli Stati membri incoraggiano la formazione iniziale e successiva dei mediatori allo scopo di garantire che la mediazione sia gestita in maniera efficace, imparziale e competente in relazione alle parti.

Art. 5

Ricorso alla mediazione

L'organo giurisdizionale investito di una causa può, se lo ritiene appropriato e tenuto conto di tutte le circostanze del caso, invitare le parti a ricorrere alla mediazione allo scopo di dirimere la controversia. Può altresì invitare le parti a partecipare ad una sessione informativa sul ricorso alla mediazione se tali sessioni hanno luogo e sono facilmente accessibili. La presente direttiva lascia impregiudicata la legislazione nazionale che rende il ricorso alla mediazione obbligatorio oppure soggetto a incentivi o sanzioni, sia prima che dopo l'inizio del procedimento giudiziario, purché tale legislazione non impedisca alle parti di esercitare il diritto di accesso al sistema giudiziario.

Art. 6

Esecutività degli accordi risultanti dalla mediazione

Gli Stati membri assicurano che le parti, o una di esse con l'esplicito consenso delle altre, abbiano la possibilità di chiedere che il contenuto di un accordo scritto risultante da una mediazione sia reso esecutivo. Il contenuto di tale accordo è reso esecutivo salvo se, nel caso in questione, il contenuto dell'accordo è contrario alla legge dello Stato membro in cui viene presentata la richiesta o se la legge di detto Stato membro non ne prevede l'esecutività. Il contenuto dell'accordo può essere reso esecutivo in una sentenza, in una decisione o in un atto autentico da un organo giurisdizionale o da un'altra autorità competente in conformità del diritto dello Stato membro in cui è presentata la richiesta. Gli Stati membri indicano alla Commissione gli organi giurisdizionali o le altre autorità competenti a ricevere le richieste conformemente ai paragrafi 1 e 2. Nessuna disposizione del presente articolo pregiudica le norme applicabili al riconoscimento e all'esecuzione in un altro Stato membro di un accordo reso esecutivo in conformità del paragrafo 1.

Art. 7

Riservatezza della mediazione

Poiché la mediazione deve avere luogo in modo da rispettare la riservatezza, gli Stati membri garantiscono che, a meno che le parti non decidano diversamente, né i mediatori né i soggetti coinvolti nell'amministrazione del procedimento di mediazione siano obbligati a testimoniare nel procedimento giudiziario o di arbitrato in materia civile e commerciale riguardo alle informazioni risultanti da un procedimento di mediazione o connesse con lo stesso, tranne nei casi in cui:

a) ciò sia necessario per superiori considerazioni di ordine pubblico dello Stato membro interessato, in particolare sia necessario per assicurare la protezione degli interessi superiori dei minori o per scongiurare un danno all'integrità fisica o psicologica di una persona; oppure

b) la comunicazione del contenuto dell'accordo risultante dalla mediazione sia necessaria ai fini dell'applicazione o dell'esecuzione di tale accordo. Il paragrafo 1 non impedisce in alcun modo agli Stati membri di adottare misure più restrittive per tutelare la riservatezza della mediazione.

Art. 8

Effetto della mediazione sui termini di prescrizione e decadenza

Gli Stati membri provvedono affinché alle parti che scelgono la mediazione nel tentativo di

dirimere una controversia non sia successivamente impedito di avviare un procedimento giudiziario o di arbitrato in relazione a tale controversia per il fatto che durante il procedimento di mediazione siano scaduti i termini di prescrizione o decadenza. Il paragrafo 1 lascia impregiudicate le disposizioni relative ai termini di prescrizione o decadenza previste dagli accordi internazionali di cui gli Stati membri sono parte.

Art. 9

Informazioni al pubblico

Gli Stati membri incoraggiano, in qualsiasi modo ritengano appropriato, la divulgazione al pubblico, in particolare via Internet, di informazioni sulle modalità per contattare i mediatori e le organizzazioni che forniscono servizi di mediazione.

Art. 10

Informazioni sugli organi giurisdizionali e sulle autorità competenti

La Commissione mette a disposizione del pubblico, tramite qualsiasi mezzo appropriato, le informazioni sugli organi giurisdizionali o sulle autorità competenti comunicate dagli Stati membri ai sensi dell'articolo 6, paragrafo 3.

Art.11

Revisione

Entro il 21 maggio 2016 la Commissione presenta al Parlamento europeo, al Consiglio e al Comitato economico e sociale europeo una relazione sull'attuazione della presente direttiva. La relazione esamina lo sviluppo della mediazione nell'Unione europea e l'impatto della presente direttiva negli Stati membri. Se del caso, la relazione è corredata di proposte di modifica della presente direttiva.

Art.12

Attuazione

Gli Stati membri mettono in vigore le disposizioni legislative, regolamentari e amministrative necessarie per conformarsi alla presente direttiva anteriormente al 21 maggio 2011, fatta eccezione per l'articolo 10, per il quale tale data è fissata al più tardi al 21 novembre 2010. Essi ne informano immediatamente la Commissione. Quando gli Stati membri adottano tali disposizioni, queste contengono un riferimento alla presente direttiva o sono corredate di un siffatto riferimento all'atto della pubblicazione ufficiale. Le modalità di tale riferimento sono decise dagli Stati membri. Gli Stati membri comunicano alla Commissione il testo delle principali disposizioni di diritto interno che essi adottano nel settore disciplinato dalla presente direttiva.

Art. 13

Entrata in vigore

La presente direttiva entra in vigore il ventesimo giorno successivo alla pubblicazione nellaGazzetta ufficiale dell'Unione europea.

Art.14

Destinatari

Gli Stati membri sono destinatari della presente direttiva.

Fatto a Strasburgo, addì 21 maggio 2008.

Nota

Le immagini ricercate su internet, con Google immagini, sono considerate di dominio pubblico pur tuttavia, poiché alcune di esse potrebbero essere coperte da copyright Google rimanda ai seguenti siti:

Immagine pag.10	lastampa.it
Immagine pag.12	flashfumetto.it
Immagine pag.14	forumterzosettorebassabs.it
Immagine pag.15	marketingsocialnetwork.it
Immagine pag.23	it.123rf.com
Immagine pag.25	casateonline.it
Immagine pag.25	networkmarketingfacile.com
Immagine pag.26	valoreconsulting.eu
Immagine pag.27	la-empatia-como-valor.wikispace valor.wikispaces.com
Immagine pag.27	baffoduepuntozero.blogspot.com
Immagine pag.29	equilibriarte.net
Immagine pag.32	vsezdorovo.com